Observations,

faits et avis à recueillir dans le personnel
sur certaines questions d'ordre général
concernant notamment
l'exécution de la peine des travaux forcés,
la transportation et la relégation,
l'application du régime d'emprisonnement
individuel, la substitution de certaines peines
de réclusion aggravée à la peine de mort
ou aux travaux forcés à perpétuité.

Mars 1888.

Ministère

de l'Intérieur

ADMINISTRATION PÉNITENTIAIRE

CABINET

DU CONSEILLER D'ÉTAT

DIRECTEUR

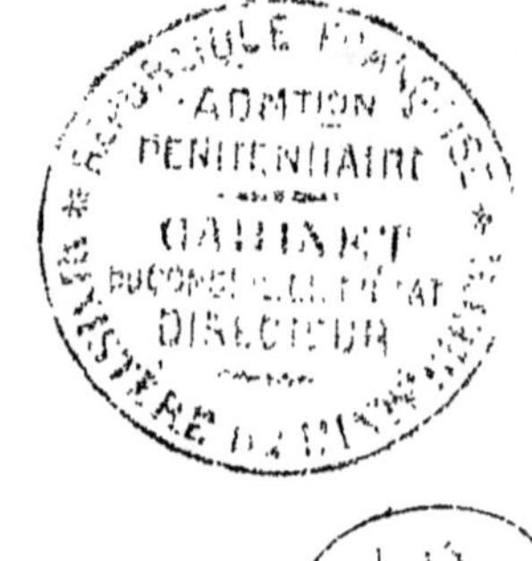

Observations,

faits et avis à recueillir dans le personnel

sur certaines questions d'ordre général

concernant notamment

l'exécution de la peine des travaux forcés,

la transportation et la relégation,

l'application du régime d'emprisonnement

individuel, la substitution de certaines peines

de réclusion aggravée à la peine de mort

ou aux travaux forcés à perpétuité.

Paris, le 9 mars 1888.

Monsieur le Directeur, les Chambres sont
actuellement saisies de propositions de lois éma-
nant de l'initiative parlementaire et concernant
notamment le mode d'exécution de la peine des
travaux forcés, l'abolition de la peine de mort,
et l'application de l'emprisonnement cellulaire
pour une longue durée (cinq ou six années) à
l'égard de certaines catégories de condamnés.

Le Gouvernement a constitué une commission
pour préparer la réforme de notre législation
pénale et tout d'abord, s'il se peut, la rectifi-
cation de l'Echelle des peines. Ainsi sont
étudiés les problèmes les plus pressants de la
criminalité et sont recherchés, tout ensemble,

les solutions théoriques les plus acceptables et les moyens de réalisation pratique.

L'Administration, qui a charge de veiller à l'exécution des peines, ne saurait demeurer étrangère ou indifférente à ces travaux. Sans pouvoir se donner aussi libre carrière dans les débats de principe que les personnes investies du privilège de modifier les lois, elle a le droit et le devoir de recueillir tous les éléments positifs d'appréciation dont elle peut disposer. Par la nature de sa tâche, avec le concours de ses collaborateurs et de ses agents, elle pénètre jusqu'au fond de la réalité des faits. C'est à elle que s'ouvre le domaine de l'observation, et la science pénale et pénitentiaire ne peut se restreindre au domaine de la théorie.

Je viens donc vous demander de me faire part, en toute liberté, des résultats de votre expérience, ainsi que de vos impressions, de vos conclusions personnelles, sur les diverses questions mentionnées ci-après et sur celles qui vous paraîtraient devoir y être ajoutées dans le même ordre de préoccupations. Même appel est fait et même liberté est laissée à vos divers collaborateurs, sans en excepter aucun. Non seulement les membres du personnel d'administration peuvent me faire parvenir tous travaux et exposés d'opinions sous quelque forme que ce soit, mais le personnel de surveillance doit être admis aussi à fournir ses constatations, ne fût-ce qu'en quelques lignes, et sur l'un quelconque des points dont je m'occupe. Je tiens enfin à ce que les personnes qui se consacrent aux services spéciaux, particulièrement les ministres des divers·cultes et les médecins, soient mis en mesure de formuler leurs observations.

Le but n'est évidemment pas de réunir un ensemble volumineux de mémoires ou de notices, mais bien d'assurer la complète expression des avis même les plus différents.

Les moindres indications d'hommes qui parlent de ce qu'ils voient doivent être enregistrées avec soin.

C'est donc pour préciser, non pour limiter les communications à faire, qu'est rédigé le questionnaire suivant. ——

I

Quel semble être l'effet d'intimidation, de punition produit sur les condamnés par la menace de la transportation ? Quelles catégories et quelles natures d'individus sont le plus sensibles à la crainte de l'expatriation et au mode d'exécution de la peine des travaux forcés ? Jusqu'à quel point, comment et pourquoi les condamnés, ou du moins nombre d'entre eux, considèrent-ils la détention dans une maison centrale comme plus pénible, plus afflictive que la transportation actuelle? Le sentiment des criminels à cet égard est-il influencé par les récits et communications des condamnés qui ont subi la transportation? Des changements qui seraient introduits dans le choix des colonies ou dans le régime des forçats modifieraient-ils cet état d'opinion chez les détenus?

Conviendrait-il, comme la commission de la réforme pénale y incline, de supprimer la transportation pour les condamnés non récidivistes, de la remplacer par la réclusion plus ou moins prolongée dans les établissements de la métropole, en admettant, selon les cas, pour combattre les effets physiques d'une trop longue claustration, l'organisation de travaux au grand air, mais toujours hors de tout contact avec la population libre?

L'envoi aux colonies pourrait-il être restreint au système de la relégation, c'est-à-dire à l'internement dans une colonie, avec obligation de travail, pour les condamnés, récidivistes invétérés, qui seraient réfractaires à tous les moyens d'amendement et de répression organisés dans la métropole, et que l'on devrait écarter définitivement du milieu social et des conditions de vie où ils se montrent incurablement portés au crime et au délit? Mais ceux-là mêmes devraient-ils subir une partie au moins de leur peine en France, avant leur embarquement, afin de ne pas donner avantage aux individus insouciants de la patrie et de l'expatriation, qui ne craindraient que la réclusion en France, et qui pourraient être tentés d'aggraver leurs crimes et délits afin d'échapper à la réclusion par l'expatriation?

L'envoi aux colonies en telles conditions déterminées pourrait-il également être accordé, après un certain temps de peine subie en France, aux condamnés non récidivistes qui le demande-

raient afin d'échapper à une trop longue claustration, et afin de faire vie nouvelle hors de la
métropole?

II

De toutes façons, même en conservant le
système de la transportation et ne fût-ce qu'à
titre de solution transitoire en attendant une
réforme plus générale de la législation, conviendrait-il d'imposer un temps de peine à subir
dans un établissement de réclusion aux forçats
avant leur envoi aux colonies ? Faudrait-il
réserver cette épreuve, ce mode de répression,
à certaines catégories de condamnés, par exemple
aux condamnés à mort dont la condamnation
aurait été commuée en une peine de travaux
forcés ou aux forçats à perpétuité ?

Dans cette hypothèse, faudrait-il organiser dans la métropole des établissements spéciaux pour les forçats en général, ou pour les forçats à perpétuité, ou pour les condamnés à mort dont la peine aurait été commuée ? Quelles différences de traitement et de régime paraîtraient pouvoir accentuer la répression dans le système de la réclusion, pour la différencier selon les cas ? Serait-il possible, désirable, humain, de rendre la claustration plus dure qu'elle n'est dans nos maisons centrales pour des peines de très longue durée ? Devrait-on acquiescer ou renoncer à l'idée de travaux à l'air libre pour préserver la santé et la vie des condamnés ? De manière générale, les condamnés peuvent-ils impunément supporter pendant longtemps le régime de claustration des maisons centrales et quelles conclusions l'expérience permet-elle de donner sur ce point ?

III

Le système d'emprisonnement cellulaire pourrait-il et devrait-il être étendu à des peines de longue durée, ou du moins à un temps prolongé d'épreuve, au lieu de rester limité en principe, comme il est actuellement, aux peines n'excédant pas une année d'emprisonnement ? Quelle impression produit ce mode d'emprisonnement sur les condamnés, selon leur tempérament, leur santé, leur caractère, leur intelligence, leur degré de perversité, leurs dispositions à l'amendement, la nature de leurs occupations en cellule ? Combien de temps a-t-on vu durer au plus ce mode d'emprisonnement, soit sur la demande de l'intéressé, soit par suite de punitions encourues, et quels sont les résultats, les effets qu'on en a constatés ? Les condamnés redoutent-ils la cellule, pourquoi, dans quelle mesure et dans quelles conditions ? Le maintien prolongé en cellule déprime-t-il les forces, l'initiative individuelle, la faculté de s'instruire, de résister aux mauvais penchants, de vivre en société, l'énergie nécessaire pour les épreuves de la vie en commun et par suite pour celles de la vie libre ? Si le système d'isolement offre à cet égard des inconvénients, comment pourrait-on y parer ?

Peut-on admettre, en l'état présent de l'expérience acquise et des essais observés, que la cellule soit prononcée pour plusieurs années, pour 5 ou 6 ans par exemple ? Faculté devrait-elle être laissée à l'Administration, en tout cas, de faire cesser l'isolement pour un temps ou de manière définitive ? L'épreuve de la cellule devrait-elle être de durée indéterminée, remise à l'appréciation de l'autorité, mais avec quelles garanties de décision et de contrôle ? La mise en commun après un temps prolongé de cellule aurait-elle des inconvénients, comment pourrait-on y obvier ? Que dirait-on de l'éventualité de l'envoi aux colonies après la détention prolongée en cellule ?

D'une manière générale, que croit-on pouvoir conclure des faits et observations relevés dans l'application du système cellulaire selon les conditions où on l'a vu fonctionner, selon les catégories des détenus, selon le mode d'exécution, le régime et les mesures adoptés ou pouvant être adoptés ? Que conclure au point de vue de la répression et de l'intimidation, de l'amendement moral, de la soumission à la règle et au travail, de la santé, de la moralité, de la sociabilité du détenu, de la volonté et de la possibilité pour lui d'échapper à la récidive, de s'astreindre à une vie laborieuse et honnête après la libération ?

Distinguer à ces divers points de vue les cas de durée courte, moyenne ou longue de l'emprisonnement individuel. Noter sans illusion quels moyens et chances existent ou pourraient exister réellement d'exercer influence et action sur les détenus en cellule, par le personnel de l'Administration, par les commissions de surveillance, par les sociétés et œuvres de patronage, par les relations avec la famille ou avec des personnes bienfaisantes. Indiquer à cet égard sans réticence quel concours on trouve et l'on pourrait pratiquement trouver ou non chez les personnes étrangères à l'Administration, de la part de l'initiative et de la bienfaisance privées, etc...

IV

En dehors de tout débat de principe sur la question de la peine de mort, noter quelles impressions réelles produisent ou non parmi les diverses catégories de coupables, le maintien de cette peine dans notre législation, la préoccupation des cas où elle peut être encourue, la fréquence ou la rareté de son application, les grâces accordées, l'éventualité des peines substituées à la peine capitale en cas de commutation. Indiquer ce que l'observation du crime et des criminels suggère sur les effets positifs qui pourraient résulter ou non de l'abolition de la peine de mort, spécialement pour ce qui concerne l'intimidation des coupables et la sécurité publique.

Marquer son opinion sur l'effet probable, parmi les détenus, dans le monde des criminels, de la substitution à la peine de mort soit de la réclusion perpétuelle en commun, soit de l'épreuve prolongée de la claustration cellulaire avant la mise en commun. Signaler quelles sont les peines et quels sont les modes d'exécution de la peine qui peuvent le plus fortement impressionner les criminels, les punir et constituer en conséquence la répression la plus efficace en dehors de la peine de mort.

Malgré la diversité et la gravité des questions ainsi formulées, il ne s'agit évidemment pas, Monsieur le Directeur, de provoquer des considérations, des travaux, des débats étendus sur de semblables problèmes qui ont fait et pourraient faire écrire tant de volumes. Il ne s'agit pas davantage d'enfermer les collaborateurs de l'Administration dans le cadre étroit d'un questionnaire.

Les indications données ci-dessus sont simplement destinées à marquer le champ des observations et des études les plus urgentes à recueillir, et ce sont, je le répète, des constatations pratiques, des faits certains, des avis précis que je désire, c'est-à-dire ce que les connaissances, les aptitudes, les fonctions et l'expérience de chacun permettent de tenir prêt et que l'on consignera, sans aucune recherche de rédaction.

Je puis donc demander à chacun de me faire parvenir d'urgence ce qu'il a présent à l'esprit, et je me féliciterai de noter à cette occasion, le zèle et le mérite, que je connais d'ailleurs, des collaborateurs de mon administration. Ils apprécieront le sentiment qui m'engage à faire appel à tous, et le désir que j'ai de faire bénéficier l'Administration, les pouvoirs publics et le public lui-même des services et des dévouements que je suis toujours heureux de mettre en lumière.

J'insiste sur l'urgence des communications que j'attends et qui pourront m'être transmises en quelque ordre que ce soit, par envois successifs et sans attendre la confection d'aucun travail d'ensemble.

Un exemplaire de la présente circulaire est envoyé à chaque gardien-chef qui devra le conserver aux archives du greffe, le communiquer au médecin et au ministre du culte et en faire part aux agents de surveillance, dans les établissements qui ne sont pas le siège d'une direction. Vous voudrez bien veiller à l'exécution de ces instructions, et communiquer ou, lorsqu'il sera possible, remettre les exemplaires que je vous envoie aux principaux collaborateurs de l'Administration qui s'occupent des services dont la direction vous est confiée.

Recevez, Monsieur le Directeur, l'assurance de ma considération très distinguée.

Le Ministre de l'Intérieur,
Pour le Ministre et par délégation :

Le Conseiller d'Etat,
Directeur de l'Administration pénitentiaire,

L. Herbette.